Ist nicht alles
Easy
LOL
Ist nicht alles
Blöd und doof
Ist nicht alles
Supertoll
Manchmal mit
Und ohne Groll
Manchmal auch
Am Rand der Zeit
Doch zum Leben noch
Bereit
Ist doch alles
Irgendwie
Ganz normal
Mit Seitenhieb
Immer zwischen Dur und
Moll
Eben ewig
Easy
LOL

Idee, Design & Layout: P i T

<u>**Impressum**</u>

Herstellung und Verlag:
BoD - Books on Demand GmbH, Norderstedt
ISBN

© 2019

6	*Mein Leben*
7	*Ein Stückchen Hoffnung*
10	*Letzte Reise*
11	*Gedanke*
13	*Drogenstadt*
14	*Der „Hilfe" – Club*
16	*Populisten – Song*
22	*Keine Heimat*
25	*Ewige Suche*
27	*Ein einfaches Märchen*
29	*Märchenland*
32	*Schwärze*
34	*Im Leben*
36	*Mein Traum [Song]*
38	*Verwirrt*
40	*Worte*
41	*Nackt*
42	*Sag mir*
43	*Der Pedant*
45	*2 Minuten Ewigkeit*
46	*Annäherung*
50	*Die da*
52	*Unbeachtet*
54	*Der Blinde*
57	*Draußen*
59	*Psychosen*
60	*Die Wärterin*
62	*Familiendrama*
65	*Spiegelbild*
67	*Asche und Rauch*
68	*Fahrstuhlstopp*
70	*Das bisschen Leben*

Mein Leben

Irgendwo bin ich gelandet
Irgendwo am Rand der Zeit
Irgendwo bin ich gestrandet
Alles Leben scheint versandet
Und mein Traum träumt ach so weit

Irgendwie ging es daneben
Irgendwie ist alles aus
Irgendwie zerfiel mein Leben
Trotzdem kann ich viel noch geben
Und ich bin noch keine Maus

Irgendwann zieh ich von dannen
Irgendwann zieh ich davon
Irgendwann ganz unbefangen
Ist´s vorbei
Hats angefangen
War zeitlebens Mutters Sohn

Irgendwo bin ich gelandet
Fern, sehr fern, wo nichts mehr ist
Irgendwie bin ich gestrandet
Irgendwann total versandet
Leben scheint ein Vogelschiss

Ein Stückchen Hoffnung

Es war am Rand der großen Stadt
Da lebte er mit sich allein
Dort, wo die Welt nichts Warmes hat
Hat er gelebt, allein, nicht satt
Er wollt es nicht
Es musste sein

So manchen Joint am Morgen schon
Den er gefunden irgendwo
Er triebs mit manchem Hurensohn
Für wenig Geld
Was macht das schon
Ein Stückchen Leben
Oder so

An einem Tag, der anders schien
Fand er den Mann
Der ihm gefiel
Er zog mit ihm mal her,
Mal hin
Es machte alles einen Sinn
Vielleicht war das sein neues Ziel

Der fremde Kerl hat ihn gemocht
Er fand ihn lustig sicherlich
Er hatte ihm mal was gekocht
Dort, wo der Specht ins Holze pocht
Da sagte er: "Ich liebe dich"

In seinen Armen träumte er
Von manchem Glück
Vom fernen Land
Mit diesem Mann ans blaue Meer
Ein Stückchen Leben, das nicht leer
Ein bisschen nur die fremde Hand

Doch irgendwann als Regen fiel
War jener Fremde plötzlich fort
Und wieder neu
Das alte Spiel
So arm und einsam, ohne Ziel
An einem kalten, stillen Ort

Ein Stückchen Hoffnung war da noch
Er dachte an den Fremden oft
Das hielt ihn fern
Von manchem Loch
Das schmolz dahin ganz sacht jedoch
Manch´ Träne aus den Augen tropft

Bald zog er weiter seinen Weg
Am Rand der Stadt mit seinem Joint
So Vieles schien vom Wind verweht
Sein Leben wohl total verdreht
Auf keiner Suche nach ´nem Freund

Ein Husten quälte plötzlich stark
Das Blut lief ihm aus Nas´ und Mund
Der Hölle nah an Nacht und Tag
Er hielt sich noch
Hat nicht geklagt
Sein Leib so krank
Die Seele wund

Halbtot und schwer
Fast wie ein Stein
Versank er unterm Blätterdach
Am Rand der Stadt
So sollt es sein
Nur er, sein Traum, der Mondenschein
Noch nie war er so hell und wach

Es war am Rand der kalten Stadt
Als er die Augen leise schloss
Dort wo der Wald noch Träume hat
Verschwand er still
Vom Leben matt
Ein Stückchen Hoffnung
Gar nicht groß

Letzte Reise

Es war so im Oktober
Der Regen wusch manch´ Zeit
Da hat sie sich erinnert
An jenen jungen Mann
Der einst dies Land befreit
Der Regen wusch die Zeit
Und er ging fort sodann

Sie war schon um die Achtzig
Sanft spürte sie etwas
Es waren viele Jahre
Sie hatte weiße Haare
Da war noch irgendwas
Gesichter tränennass
Der Wind blies leis, der klare

Da packte sie die Koffer
Sankt Petersburg ein Ziel
Von dort gings mit dem Bus
Weit fort zum Weltenschluss
Es war wohl gar nicht viel
Für sie kein leichtes Spiel
Im dichten Regenguss

Es gingen viele Jahre
Der Regen wäscht die Zeit
Da hat sie sich erinnert
An jenen jungen Mann
Ach, Russland ist so weit
So schnell vergeht die Zeit
Und sie ging fort sodann

Gedanke

Einst großer Traum
Einst die Vision
Für jeden Menschen dieser Welt
Doch längst dahin
Mit wenig Sinn
Ein Menschrecht heut nicht mehr zählt

Das Geld regiert
Des Menschen Geist
Und Armut kriecht durch diese Welt
Regime knechten
Fern von Rechten
Ein Menschenrecht heut nicht mehr zählt

Gespaltenes Volk
Kaum Lachen noch
Der Traum vom Glück im Nichts zerschellt
Manch´ Kriege auch
Manch´ Hungerbauch
Ein Menschenrecht heut nicht mehr zählt

Billionen
In den Sand gesetzt
Doch blieb den Dieben alles Geld
Und zwischen Scherben
Kinder sterben
Ein Menschenrecht heut nicht mehr zählt

Wer hört noch zu
Dem Friedenslied
Wer glaubt noch an die bessre Welt
Wann stirbt die Erde
Die Beschwerde
Ein Menschenrecht heut nicht mehr zählt

Ich schau mich um
Zum Horizont
Kein Gott, der zu uns Menschen hält
Im All so klein
Der Erdenschein
Wo manches Recht wohl ewig zählt

Drogenstadt

Es war in einer großen Stadt
Manch´ Messe gabs schon lang nicht mehr
Da fanden heiße Partys statt
Am Rande jener großen Stadt
Nur Rotlicht dealte hin und her

Man sprach von einem Drogenclub
Der hielt die Stadt fest in der Hand
Ein gut erhitzter Drogentrupp
Der passte auf
Der machte Zuck
Der intrigierte unerkannt

Manch´ Gast in jener großen Stadt
Ward schnell beschimpft, bedroht recht faul
Denn wer dort was zu sagen hat
War nur der Club
Ganz nett
Apart
Den Gästen ward gestopft das Maul

Ein Punkt der Drogen-Hoch-Kultur
Mit Clubs, Vereinen, mancher Bar
Ein Syndikat mit hartem Schwur
Beherrschte jeden Sauna-Flur
Zog alles mit in die Gefahr

So ging sie ein, die große Stadt
Die Drogenpartys sind längst aus
Und jener Drogenclub ward matt
Weil kaum noch jemand richtig satt
Nur in den Straßen piepst manch´ Maus

Der „Hilfe" – Club

Sie sagen, dass sie helfen wolln
Sie meinen, dass sie niemals schmolln
Ein „Hilfe" – Club dealt in der Stadt
Dort, wo es viele Menschen hat

Sie brauchen Spenden, Ehrenamt
Sie heucheln sich -queer- durch das Land
Sie halten fest zusammen doch
Und Drogen gibt es
Jede Woch´

Man tarnt sich gut
Man teilt sich auf
Mit Gift im Blut
Im Dauerlauf
Man gründet -bärig- manchen Trupp
Zum Schein ganz nett und schlau
Und gut

Sie lügen alle Leute an
Sie mögen Frauen, Kinder, Mann
Sie unternehmen ziemlich viel
Sie scheinen harmlos
Wie ein Spiel

So spenden viele Leute schnell
Und Ehrenamt macht alles hell
Der Club gedeiht, ward stark und reich
Nur mancher Spender bald erbleicht

Denn all die Spenden helfen nicht
Sind für manch´ Dealer
Fern vom Licht
Für jenen tollen Drogenring
Ist all das Geld, das mieft und stinkt

Die Menschen sind doch scheiß egal
Und auch die Hilfe
Manche Qual
Und wer zu viele Fragen stellt
Wird schnell vom Drogen-Chef verbellt

In solcher Stadt scheint Leben schwer
Denn ohne Drogen geht's nicht mehr
Manch´ „Hilfe" – Club dealt in manch´ Stadt
Wo es so viele Menschen hat

Populisten-Song

Alle, die nach vorne denken
Alle, die sich selbst nichts schenken
Alle die, die noch was wollen
Alle, die nicht Augen rollen
Alle die sind großer Mist
Weil sie sind ein Populist

Und dann die, die immer schimpfen
Jene mit zerrissenen Strümpfen
All die Roten, Braunen, Gelben
All die Säufer und die Welken
Alle die sind Riesenmist
Weil sie sind ein Populist

Ach, dann gibt's noch Straßenschläger
Demonstranten auch
Manch' Kläger
Und die Ewig-Gestern-Leute
Und die Arbeitslosen-Meute
Ja, ich ahn ganz ohne List
Dass die sind auch Populist

Die Nudisten, alle Coolen
Jene, die im Nabel pulen
All die Nasenbohrer – Schlingel
Und das Stadtstreicher-Gewimmel
Die sind das, was jeder ist
Eben nur ein Populist

Oh, ein Journalist, der winselt
Will mehr Geld für sein Gekritzel
Mischt die Wahrheit mit den Lügen
So soll er die Meinung biegen
Doch am Ende -ziemlich trist-
Bleibt auch er
Ein Populist

Alle, die von Kriegen wissen
Jene, die das Rheingold küssen
Und der Mörtel zwischen Ziegeln
Nord- und Südpol, jene Kühlen
Manche Aliens, Utopisten
Alles, alles Populisten

Und die Links-Rechts-Gerade-Träger
Und so manch' ein Tennisschläger
Manche Landes-Chefin-Puppe
Und so manch' korrupte Truppe
Selbst am Haus das Stahlgerüst
Längst mutiert zum Populist

Da, manch' Flugzeug in den Wolken
Das bisher noch unbescholten
Und die Vögel in den Bäumen
Die wohl nur vom Fliegen träumen
Und im Apfel jene Made
Zählt zur Populisten – Garde

Tief im Supermarktregale
Auf dem Berg, im tiefen Tale
Fern am Strand, im Ozeane
In manch' Kirsche und Banane
Selbst manch' Hexen, Exorzisten
Hilfe, alles Populisten

Im TV keift man behände
-Populisten legen Brände-
Und man hetzt manch´ Sau durchs Lande
Wer nicht mitschreit, wird zur Schande
Jeder, der ein Gott nicht ist
Wird sehr schnell zum Populist

Kriminelle, Asoziale
Sind im Land hier das Normale
Bist du dumm, korrupt, versaut
Man dir goldene Brücken baut
Bist jedoch du Optimist
Bist du „Rechts" und Populist

Selbst der Mars, manch´ ferne Sterne
Sind längst Populisten – Schwärme
Und der Universum-Raum
Ward zum Populisten-Schaum
Stürme, Wolken, Wälder, Wetter
Alles Populisten-Kläffer

All der Wahn kennt kaum noch Grenzen
Denn auch Kinder, die gern schwänzen
Selbst Studierte, die noch denken
Autofahrer, die gut lenken
Jeder ist heut, was er ist
Nein, kein Mensch
Nur Populist

Ja, der Bandwurm im Gedärme
Ward ein Populisten-Scherge
Donner, Blitz und Hagelschlage
Eine Populisten-Plage
Wenn ein Käuzchen nachts dich grüßt
Ist es wohl ein Populist

Jener Drogenring von Z.
Nicht nur asozial und fett
Keine heiße Rotlicht-Truppe
Keine Haschisch-Crystal-Suppe
Als ob wir´s nicht besser wüssten:
Alles blöde Populisten

Bienen, Schweine, Ochs und Ziege
Tragen Populisten-Züge
Auch die Fische und manch´ Wal:
Pfui, ´ne Populisten-Qual
Selbst die Filzlaus, ohne Mist
Ist schon längst ein Populist

Milben, Käfer, Floh und Motte
Eine Populisten-Rotte
Und im Wald manch´ Beere, Pilz
Wohl nur Populisten-Filz
Selbst das Korn im Feld – ich wüsst
Logisch, klar, ist Populist

Man verdreht das ganze Leben
Meinung unterdrückt man eben
Was die Obrigkeit verkündet
Ist Gesetz und stets begründet
Wer hier denkt und Mensch noch ist
Tja, so ist´s, ward Populist

Und die Insel-Kannibalen
Und die vielen Menschheitsqualen
All die dummen Tagediebe
Ja, auch die verirrten Triebe
Dies steht auf der großen Liste:
Eine Populisten-Wüste

Wer die Wahrheit sagt im Lande
Wird zur Populisten-Bande
Und es stinkt und fault und gärt
Überall ganz unbeschwert
Heimat stirbt
Scheint lang schon tot
Freiheit scheint absurd in Not

In manch´ stumpfem Radiosender
Manch´ ein Schuldner
Manch´ ein Pfänder
Die dort fixen
Die dort saufen
Alles Populisten-Haufen
Im TV gibt's keine Meister
Nur noch Populisten-Geister

Selbst die Luft, die alle atmen
Ward zum Populisten-Braten
Stürme, Blizzard, laue Brisen
Berge, Täler, grüne Wiesen
Auch die Sprache, alle Worte
Eine Populisten-Horde

Und so hetzt man immer weiter
Und so wird man nicht gescheiter
Und man will das Volk scharf spalten
Und man will die Angst verwalten
Und wer andrer Meinung ist
Richtig, der ist Populist

Längst wird's mir schon schwindelig, drehend
Seh die Flaggen nicht mehr wehend
Seh wie Populisten-Haufen
Kreuz und quer durchs Lande laufen
Nein, ich bin kein Optimist
Bin
O Schreck
Ein Populist

Keine Heimat

Dies Land zerbricht im Nirgendwo
Im Drogenrausch zerfällt es schon
Es geht nicht weiter
Sowieso
Das Volk ist lahm
Es ist nicht froh
Geduld und Hoffnung scheint wie Hohn

Dies Land zerbricht ganz laut und leis
Demokratie gibt's lang nicht mehr
Man hilft manch' Fremden
Jedem Scheiß
Jedoch das Volk geht laut
Und leis
Dies Land scheint mir so hohl und leer

Man fährt so manch' Professor auf
Sehr gut geschmiert
Lügt er sich frei
Der Feinstaub-Tod – er scheißt darauf
Er hetzt, kassiert im Dauerlauf
Die Menschen sind dem einerlei

Was böse scheint, das schreit man weg
Man hört den Leuten nicht mehr zu
Mit Arroganz schürt man manch' Dreck
Das Land stagniert
Kommt nicht vom Fleck
Wenn -man- kassiert in aller Ruh

Versprochen ward dem Volk arg viel
Doch blieb von allem Lug und Trug
Für die da oben ist´s ein Spiel
Nur Geld und Macht
Ihr wahres Ziel
Das Volk jedoch hat längst genug

Ein Staats – Weib hält die Hand verschränkt
Sie ist nur blind
Recht dumm und taub
Sie hat dies Land ins Nichts gelenkt
Sie hat das Volk längst fortgedrängt
Mit Korruption das Amt versaut

Paläste lässt sie bauen sich
Milliarden Steuergelder – fort
Für ihre Krönung sicherlich
Lässt sie ihr Volk eiskalt im Stich
Das Mittelalter kürt den Ort

Die Menschen wollen leben doch
In diesem Land
In dieser Welt
Doch klafft im Land ein tiefes Loch
Es ist geteilt
Es hält wohl noch
Jedoch regiert längst Hass und Geld

Manch´ Dummheit wird durchs Dorf gehetzt
Der Dreck quillt hoch
Der Mob regiert
So manche Seele ward verletzt
Weil man da oben nur noch schwätzt
Schon bald das Land an Geist verliert

Dies Land vergeht
Das hört nicht auf
Es bricht und gärt
Und ächzt
Und stockt
Ich fliehe bald
Im Dauerlauf
Und Heimat
Pfui, ich pfeife drauf
Das Land ist tot
Das Glück verzockt

Ewige Suche

Jeder sucht auf seiner Straße
Irgendwo am Rand der Zeit
Jeder sieht nur seine Nase
Und die Freiheit scheint so weit

Überall mal reingeschnuppert
Alles einmal durchgekaut
Mancher Kuchen – ungezuckert
Manches Glück – ganz schnell geklaut

Doch die Wege sind nicht einsam
Viele kreuzen deinen Weg
Allerdings geht's schwer gemeinsam
Manche Spur vom Wind verweht

Alle suchen nach den Träumen
Alle suchen nach dem Glück
Keiner will da was versäumen
Jeder will vom Traum ein Stück

In den Städten, auf dem Lande
Überall liegt Einsamkeit
Selbst am Meer
Im Ufersande
Will man endlich Zweisamkeit

Bis am End fast nichts geblieben
Bis am Ende wir nicht froh
Bis das Buch dann leergeschrieben
Ja, das ist nun einmal so

Und die Suche geht stets weiter
Jeder sucht sich selbst, manch´ Trost
Manche Tage
Schlimm und heiter
Bis manch´ Wunsch vergilbt zu Rost

Doch wir suchen noch behände
Und die Suche hört nie auf
Alle Straßen im Gelände
Suchen wir im Dauerlauf

Wenn wir uns dereinst dann fragen:
Wonach suchst du wirklich, Mann
Können wir es nicht ertragen
Weil wir niemals kommen an

Ein einfaches Märchen

Paul ist -nur- ein Arbeitnehmer
Doch er macht die Arbeit gut
Paul aus Erfurt, kein Gewinner
Paul, ein Ossi, doch kein Spinner
In ihm brennt -noch- Arbeitswut

Doch er ist so um die „50"
Und er spürt, man will ihn nicht
Plötzlich fühlt er sich so winzig
Seine Zeit scheint nicht sehr günstig
Arg vibriert sein Lebenslicht

Und so kommt es wie er wusste
Ziemlich flott wirft man ihn raus
Schmerz spürt er in seiner Bruste
Er tat das, was jedem nutzte
Jetzt ist Schluss
Jetzt ist es aus

Seine Wut wächst unermesslich!
Ossi, 50 – wirklich tot?
Seine Seele, so verletzlich!
Seine Zukunft – unerträglich!
Und so sieht er nur noch rot!

Wie dem Paul ergeht es vielen
Alter, Ossi – das geht nicht
Zwischen Hoffnung, Wünschen, Spielen
Wächst der Drang nach neuen Zielen
Wächst der Hass auf manch´ Gesicht

Und man trifft sich auf der Straße
Einfach schreien, was nicht geht
In den Städten wächst die Rage
Fort, nur fort mit aller Phrase
Weil das Glück vom Wind verweht

Ja, es sind schon ziemlich viele
Die am End´ mit der Geduld
Wieder Hoffnung, Wünsche, Spiele
Wieder Jobs
Ganz neue Ziele
Wieder Leben – ohne Schuld

Und der Wind fegt über Wege
Paul ist tot – und lebt doch gut
Auch das Land scheint nicht mehr träge
Es bewegt sich – gerad und schräge
Schnell pulsiert manch´ frisches Blut

Märchenland

Im Märchen-Land gibt´s Arbeit satt
Doch sind so viele ohne Job
Da kam von dort, wo´s gar nichts hat
Der Ali in die Märchen-Stadt
Der freute sich auf Geld, Haus, Lob

Auch Jan, der hiesige, wollt viel
War hochstudiert und jung und fit
Doch gab man ihm kein Job, kein Ziel
Er war von hier
Er wollte viel
Doch auf dem Amt gab´s keinen Tipp

So stellte man den Ali ein
Den Jan ließ man allein, im Stich
Die Quote sagte nämlich fein:
Für Ausländer muss Arbeit sein
Für Einheimische gibt´s sowas nicht

Der Ali tat die Arbeit gut
Der wusste nichts von Quoten, nein
Doch mancher hier bekam schnell Wut
Auch hierzulande konnt´ man´s gut
Doch durfte Jan kein Fachmann sein

Nun stellt sich eine Frage mir:
Wenn´s Arbeit gibt so satt und viel
Warum bekommt der Jan nichts hier
Warum lebt er den Traum nicht mehr
Er kann doch was
Er hat ein Ziel

Politiker stehn gern im Licht
Erfüllen Quoten – *das bringt Geld*
Die Not im Volk berührt sie nicht
Nur noch die Gier nach Reichtum, Licht
Das scheint die gut-gerechte Welt

Die halten gern an Altem fest
Doch Märchenland braucht frischen Wind
Wo Korruption manch' Hirn durchnässt
Wo Machtgier kein Stück Zukunft lässt
Ward niemals frei so manches Kind

Ein Spalt zerteilt jetzt Volk, das Land
Man hasst oft Fremde, die so viel
Kommt's bald vielleicht zum großen Brand
Weil nichts gerecht im Märchen-Land
Für Ali bleibt's doch nur ein Spiel

Die Wahrheit sagt man gar nicht gern
Vor „Populisten" hat man Schiss
So bleibt Reales still und fern
Man traut nicht mal dem Gott, dem Herrn
Es mangelt arg an Mut und Biss

Man sagt, im Land gibt's Arbeit satt
Doch sind manch' Leute hier nicht froh
Weil Ali Auto, Häuschen hat
Bleibt Jan hingegen arm und matt
Was stimmt da nicht?
Was sowieso?

Die Antwort fällt mir da nicht ein
Ich bin nicht böse
Mir geht´s gut
Doch trinkt hier wohl nicht jeder Wein
Macht man´s manch´ Ali immer fein
Schürt längst im Land sich Hass und Wut

Schwärze

Schwarz erscheint mir diese Welt
Alles kurz vorm Untergang
Nichts, was sie zusammenhält
Ach, es zählt nur Macht und Geld
Alles wirkt so bleich und krank

Kriege drohen überall
Weil der Hass, die Wut zu stark
Warten auf den großen Knall
Warten auf den freien Fall
Warten auf den letzten Sarg

Wer noch lebt ist bald schon krank
Allerletzte Pandemie
Wo manch´ Urtier einst versank
Liegt auch heut das Leben blank
Gibt es noch ein morgen früh

Doch die Menschen sind recht zäh
Geben sich so schnell nicht auf
Sterben nicht mit Ach und Weh
Liegen nicht im letzten Tee
Nehmen manchen Schlag in Kauf

Kämpfen sich aus allem Dreck
Bauen neu und sehr stabil
Wischen Nebelwände weg
Finden einen guten Zweck
Halten von der Welt noch viel

Dann verweht das Kriegsgeschrei
Und für Geld gibt's keinen Tod
Dann geht Hass und Wut vorbei
Alle Welt erschafft sich neu
Und der Mensch erwacht
Im Morgenrot

Im Leben

Im Leben zwischen Drin und Draußen
Bist du allein
Und denkst so viel
So gern willst du nach vorne brausen
Mit einer Harley westwärts sausen
Dein Leben leben wie ein Spiel

Doch siehst du, wie sich Fremde küssen
Das Glück ist dort
Ist nicht bei dir
Du willst dir deinen Tag versüßen
Doch siehst du Unkraut vor dir sprießen
Warum nur, fragst du, bist du hier

Enttäuscht fliehst du in tiefsten Schatten
Du fühlst verlassen dich vom Glück
Dort, wo sich andre fanden, hatten
Beachten dich nur Mäuse, Ratten
Und du vergehst so Stück um Stück

Was bleibt dir noch von diesem Leben
Was bleibt dir da von Nacht und Tag
Du hast doch auch so viel zu geben
Du wolltest gern im Himmel schweben
Der dir noch nie zu Füßen lag

Ein Leben zwischen Harren, Weinen
Du willst nur fort
Wohin – egal
Ein Herz voll Tränen, schweren Steinen
Ein Traum vom Glück, dem großen, kleinen
Der Weg des Lebens ist oft schmal

Vielleicht ist mancher Blick zu gerade
Vielleicht schaut man zu selten hin
Da blüht was vor dir, keine Frage
Schau nur nicht weg
Es wäre schade
Es ist nicht schwer
Und es macht Sinn

Das Leben geht oft krumme Wege
Durchs Feuer mal
Durch manchen Sturm
Ruh dich nicht aus und sei nicht träge
Und spring mal ab vom festen Stege
Und spring mal ab von deinem Turm

Mein Traum [Song]

Ich war so jung
Wollte groß sein, wie die Welt
Wollte stark sein mit viel Geld
Und wollt tun, was mir gefällt

Ich war so dumm
Dachte nur an den Erfolg
Wollte, dass der Rubel rollt
Alles schien aus purem Gold

Mein großer Traum
Ich wollt so viel
Mein großer Traum
Immerzu
Mein großer Traum
Es war nur Spiel
Mein großer Traum
Ohne Ruh

Alles vorbei
Denn am Ende bleibt nichts mehr
Alle Tage schienen leer
Und ich war nichts mehr

Mein großer Traum
Ich wollt so viel
Mein großer Traum
Immerzu
Mein großer Traum
Alles nur Spiel
Mein großer Traum
Ohne Ruh
Immerzu

Mein großer Traum
Er ist vorbei
Mein großer Traum
Wieder neu, wieder neu, wieder neu, oh
Mein großer Traum
Immerzu
Mein großer Traum
Ohne Ruh, ohne Ruh, ohne Ruh, oh
Mein großer Traum
Immerzu
Mein großer Traum
Immerzu, immerzu, immerzu, oh

Verwirrt

Eine düster schwarze Nacht
Hab an dich
An nichts gedacht
Ganz allein starr ich zum Fenster
Ach, es tanzen manch´ Gespenster

Formen balde dein Gesicht
Jenseitig vom Mondeslicht
Und du lachst und singst und tanzt
Und ich schweig
Und hab nur Angst

Mancher Soul um Mitternacht
Hat mich um den Schlaf gebracht
Du bist da
Es ist ein Traum
Du bist hier
Ich glaub es kaum

Alle Angst weicht wildem Glück
Alle Nacht weicht jetzt ein Stück
Quer durchs Zimmer fliegen Küsse
Quer durchs Herz
Millionen Risse

Ein Gewitter bricht den Ort
Nur ein Blitz
Dann bist du fort
Starr verwirrt durchs schwarze Fenster
Da ist nichts
Nicht mal Gespenster

Bald schon ist die Nacht vorbei
Es beginnt ein Tag ganz neu
Auf dem Handy lautes Piepen
Alles top
Du hast geschrieben

Worte

Nebel über Wiesen
Dort
Am Wald ein Reh
Es steht still
Es hört nicht auf zu gießen
Fort
Und alles scheint vorbei

Dunst zieht über Moose
Weit
Die Stadt, die Welt
Nichts blüht
Kein Strauch und keine Rose
Zeit
Ist hier so einerlei

Vögel piepsen leise
Nah
Ein Fuchs am Weg
Er schaut lang
Und ich bin auf der Reise
Klar
Bleibts bis nach 3

Nackt

So steh ich hier
Vor dir
Mein Spiegel
Nackt
Und ich starr mich an
Wer ist der Mann
Da ist sonst nichts
Kein Reichtum
Und kein Ruhm
Nur ich allein, so wie ich bin
Nackt
Und es fällt kein Wort
Hab doch auch getan
Und oft geträumt
Und auch gelebt
Ach, so viel Leben
Und so viele Tränen
Auch so viel Hoffen
Und nun steh ich hier
Vor dir
Mein Spiegel
Und ich schließe meine Augen
Und ich sehe
Nichts
Und hab noch so viel vor
Mein Spiegel
Mein Gegenüber
Mein Du
Mein Ich
Und ich atme tief

Sag mir

Sag mir Bub:
Wo lebst du nur
Überall ist Hass
Ist Krieg
Menschen sind so blind
Sind stur
Sag mir, sag
Wo lebst du nur
Was ist dir noch gut und lieb

Sag mir Bub:
Was ist die Welt
Dummheit, Gier zerstört das Sein
Da, wo nichts mehr bleibt
Nichts hält
Geht zu Grunde diese Welt
Jeder frönt dem schönen Schein

Sag mir Bub:
Wird's schlimmer noch
Wenn der Mob dies Land regiert
Liebe sinkt ins letzte Loch
Kriminelle leben hoch
Diebe stehlen ungeniert

Sag mir Bub:
Ist´s Leben so
Krankt nicht alles, was da ist
Doch ich seh, du lachst
Bist froh
Jugend brennt so lichterloh
Weil sie stark
Voll Träume ist

Der Pedant

Fein und sauber eingetütet
Ist sein Leben jeden Tag
Immer sicher, wohl behütet
Was die Sicherheit auch bietet
Gibt´s für ihn nie eine Frag

Ja er achtet immer wieder
Auf die Ordnung überall
Selten singt er frohe Lieder
Nein, das ist nicht gut und bieder
Niemals hat er solchen Knall

Schnell die Vase auf das Deckchen
Staubgewischt auf Tisch und Schrank
Gut gekehrt das kleinste Eckchen
Aller Müll kommt schnell ins Säckchen
Ach, gestresst scheint er
Und krank

Eines Tages doch, welch Wunder
Geht bei ihm fast alles schief
In der Wohnung liegt nur Plunder
Und er selbst ist gar nicht munter
In der Küche wabert Mief

Was ist da wohl nur geschehen
Warum ist die Ordnung hin
Auch er selbst kanns nicht verstehen
Was nur tun
Wohin nur gehen
Hat das Leben so noch Sinn

Plötzlich spürt er etwas Neues
Etwas, das er nie gekannt
Keine Ordnung
Und ihn freut es
Er ist frei und niemand scheut es
Früher war er ein Pedant

Nein, ihn stört nicht mehr das Chaos
Lässt es liegen, einfach so
Nee, er ist auch nicht verwahrlost
Alles Leben ist ein Chaos
Ordnungszauber macht kaum froh

Fein und sauber eingetütet
Ist ab heut er gar nicht mehr
Dort, wo's richtig stürmt und wütet
Ist das Leben nicht behütet
Ist das Leben gar nicht schwer

2 Minuten Ewigkeit

Bei allem, was mich je erschüttert
Ist´s diese eine Szene nur
Gedenken an so viele Mütter
An die Familien, tot, zersplittert
Nur zwei Minuten
Auf der Uhr

In Israel ist´s ewig während
Wenn die Sirene lautstark schweigt
Für 2 Minuten nichts erklärend
Für 2 Minuten lebend sterbend
Und Deutschland scheint so nah
So weit

Es sind Millionen, die gestorben
Sind tot, erschossen und vergast
Warum nur all dies viele Morden
Ist man als Mensch kein Mensch geworden
Warum hat man so sehr gehasst

Ich komme auf die Antwort nimmer
Ich steh nur 2 Minuten still
In Israel, in meinem Zimmer
Wird manche Stunde schlimm
Und schlimmer
Weil ich es spür
Weil ich es will

Bei allem, was mich je erschaudert
Sind 2 Minuten Trauer, Ruh
Das Tiefste, was die Seel vermauert
Minutensang, der ewig dauert
Und ich verneig mich still dazu

Annäherung

Man sagt, er brachte Menschen um
Ein Serienkiller, ziemlich fies
Man sagt, er sei sehr roh und dumm
Ich weiß – er brachte Kinder um
Sein ganzes Wesen
Total mies

Ein Mann, so um die zwanzig Jahr
Nicht hässlich, dick, kein Supermann
Den Leuten ist wohl alles klar
Mir scheint so vieles sonderbar
Was dachte er so dann und wann

Zwei Jungen hat er umgebracht
Er hats gestanden
Sitzt jetzt ein
Er wird jetzt ziemlich schwer bewacht
Weil er sie eiskalt umgebracht
Im Knast will niemand "Mörder" sein

Ich melde mich beim Staatsanwalt
Denn ich will sprechen mal mit ihm
Er hat gemordet tief im Wald
An einem Tag, der bitterkalt
Sein Leben macht wohl kaum noch Sinn

Drei Tage später dann im Knast
Sitzt er mir gegenüber schon
Ich schau ihn an – er scheint so blass
Das Fenster wischt ein Regen nass
Er ist so jung
Wie manch´ ein Sohn

Sein Blick ist trüb
Er weicht mir aus
Will er nicht sprechen über „Das"
Da ist kein Teufel
Auch kein Graus
Doch ist er keine zahme Maus
Ich frage ihn: „Wieso, wie, was"

Durchs Fenstergitter flieht sein Blick
Kaum eine Regung spür ich, nichts
Vielleicht ist es auch nur ein Trick
Vielleicht ist ängstlich er ein Stück
In diesem Knast
Jenseits des Lichts

Zwei Wärter stehen vor der Tür
Die sind recht mächtig, stark und groß
Der Junge auf dem Stuhl vor mir
Scheint bleich und schwach
Kein wildes Tier
Die Hände zittern ihm im Schoß

Dann spricht er leis, so zaghaft, schwer
-Er hörte Stimmen laut in sich-
Ganz tief in ihm wards da so leer
Er sagt, er tut so was nie mehr
Doch tröstet das nicht ihn
Nicht mich

Ich denk, als er so mit mir spricht
An seine Opfer, die jetzt tot
Sie hatten Mütter sicherlich
Die leiden jetzt so fürchterlich
Er brachte so viel Leid
Und Not

Wie hält man´s aus, frag ich mich nur
Wie kann man das ertragen, wie
Er sagt es nicht
Ist er zu stur
Ist da von Reue keine Spur
Schläft man des nachts als Mörder nie

Doch alles, was er sagt und meint
Verwischt, verschwimmt im Zimmer hier
Als er dann vor mir kniet und weint
Als er kein Mörder und kein Feind
Ist selbst er Opfer – *ohne Zier*

Die Zeit verrinnt, ist bald vorbei
Man führt ihn fort
Man faucht ihn an
Noch einmal schaut er – *einerlei*
Die Uhr zeigt nachmittags um 2
Er ist ein Junge doch
Kein Mann

Allein bleib ich im Raum zurück
Steh langsam auf und schau und schweig
An diesem Ort, so fern vom Glück
Begreif ich nichts
Kein einzig´ Stück
Beinah tut er mir sogar leid

Wie seine Opfer – tot, vorbei
So starb er selbst – fort, wegradiert
Sein Leben sinnlos, aus, ein Schrei
Nie wieder Menschsein
Nie mehr frei
Nur noch ein Wesen, das erfriert

Die Leute rufen: „Tod dem Schwein"
„Wozu noch Knast für solchen Dreck"
Ich fühl mich ratlos – muss das sein
Doch wer vergibt
Macht man sich klein
Erfüllt die Todesstraf´ den Zweck

Viel später schreib ich den Bericht
Und weiß nicht, wie ich´s schreiben kann
Der Regen wäscht das Fensterlicht
Als man im Radio plötzlich spricht:
Er hat erhängt sich
Irgendwann

Die da

Schweigend schieben die Korrupten
Sich die Pöstchen hin und her
All die Schmierer, die sich suchten
Korruption ist gar nicht schwer

Die Partei schon lang verraten
An den Schein der Heiligkeit
An der Spitz′ manch′ Satansbraten
So geht's abwärts mit der Zeit

Hauptsache, es rollt der Rubel
Arbeit macht nur krank und alt
Schwache zieht es in den Strudel
Und im Herzen ward es kalt

Aller Klüngel macht noch stärker
Jeder treibts mit jedem wohl
Niemand kommt da in den Kerker
Jede Rede klingt nur hohl

Dummheit, Feigheit
Welche Tugend
Damit kommt man schnell voran
Scheiß auf Wissen, Kampf und Jugend
Hier gibt's keinen Supermann

Fröhlich prasst man in den Abgrund
Das Vertrauen längst verspielt
Man ist taub
Hört keinen Wachhund
Und man sieht nicht den, der zielt

Ja, sie lachen, tanzen, singen
Denn die haben´s längst geschafft
Ins Nirvana falln die Blinden
Weil nach denen niemand gafft

Und so schieben sie flugs weiter
Das, was sich nicht wehren kann
Oben ist es sonnig
Heiter
Irgendwann ist jeder dran

Unbeachtet

Wieder steht er vor der Türe
Dieser Mann
Er will nur Geld
Schon nach 3
So kurz vor Viere
Und es klingelt an der Türe
In der kalten, teuren Welt

Es ist der Gerichtsvollzieher
Ja sie öffnet, lächelt kurz
Schwach ist sie
Wohl ein Verlierer
Hat sie Geld – fragt der Vollzieher
Was sie denkt, ist ihm recht schnurz

Knapp Zweitausend, so die Schulden
Zahlen kann sie das nicht mehr
Der Vermieter will sie dulden
Auch der Kühlschrank
Alles Schulden
Blick und Seele – alles leer

Dabei hat sie stets geschuftet
Doch fürs Glück hats nie gereicht
Die Familie – längst verduftet
Und sie hat sich krank geschuftet
Mancher Tod ums Hause schleicht

Ihre Rente: *knapp 600*
Damit ist nicht sehr viel drin
Was bislang sie kaum verwundert:
Noch ist sie nicht ganz verhungert
So macht Leben kaum noch Sinn

Doch es fragt sie danach keiner
Was sie denkt
Total egal
Vor manch´ Spiegel wird sie kleiner
Und die Haut ward dünner, feiner
Manche Nacht kriecht sich zur Qual

Der Gerichtsvollzieher pfändet
Mutters letzten Silberring
Ob die Armut niemals schändet
Wenn doch Haus und Hof gepfändet
Wenn nichts bleibt
Wenn´s nur noch schlimm

Dann verschwindet der Vollzieher
Starr ihr Blick
Sie sagt kein Wort
Will nur weg, wie einst
Und wieder
Nie mehr den Gerichtsvollzieher
Nimmt die Tasche
Und geht fort

Der Blinde
(*Erinnerung an Ammerum*)

Er sah mich an und sah mich nicht
Er sah mir mitten ins Gesicht
Ich spürte seinen Blick, der stumm
In seiner Welt
Auf Ammerum

Ich dacht mir oft: *Ach, der ist blind*
Doch wusste er, wo wir gerad sind
Er kannte sich hier bestens aus
In diesem fremden – seinem Haus

„*Schließ deine Augen*", rief er laut
Ich tat's und nichts war mehr vertraut
Ich stolperte und fiel auch hin
Er lachte laut
Das machte Sinn

Tagtäglich dunkel, wenn es hell
Tagtäglich langsam
Nie mehr schnell
Er wusste, wie's mal früher war
Er war erst zweiundvierzig Jahr

Ich hielt ihn fest, wenn er schon fiel
Für mich wars leicht
Für ihn kein Spiel
Und einmal hielt er meine Hand
Ich hatte seine Angst erkannt

So zwischen Nacht
Und wieder Nacht
Hab ich ihn auch ins Bett gebracht
Er schloss die Augen, weinte leis
Und fluchte über all den Scheiß

Für mich wars dunkel, Nacht und Traum
Er träumte nicht
Und schlief wohl kaum
Am nächsten Morgen war er wach
Und freute sich auf jenen Tag

Oft stand im Regen er allein:
Die Tropfen fühlen, die wie Wein
Er legte sich in manchen Wind
Und sang und sprach, er sei ein Kind

Wenn draußen dann die Sonne stach
Schien er wie tot
Schien er halbwach
Dann schrie er in den Sommertag
Er läge schon im Totensarg

Ich fragte mich so dann und wann
Wer ist hier schwach
Wer stark sodann
Er war mehr Mensch als ich's je war
Sein Sinn viel klarer noch
Als klar

Und plötzlich sah auch ich den Tag
Wie ich ihn nie gesehen hab
Wie Wolken flohen vor dem Mond
Wie Wind das Feld pflügt, das aus Mohn

Wir schwiegen oft von früh bis Nacht
Doch wussten wir,
Wer weint,
Wer lacht
Wenn man nichts sieht, dann fühlt man viel
Die Zwischenräume
Start und Ziel

So wie manch´ Farbe er erklärt
War mir einst fremd
Fast wie versperrt
Das Blau, das Rot – ich sah´s ganz neu
Er lachte nur
Und ich ward scheu

Wir sprachen über dies und das
Die Zeit verging
Sie machte Spaß
Und irgendwann, da war sie um
Ich musste fort von *Ammerum*

Er meinte noch, er käme klar
Er war zwar blind, nicht in Gefahr
Die Vögel sprachen dann zu ihm
Und brachten ihm den Lebenssinn

Er sah mich an
Und sah mich nicht
Er sah mir mitten ins Gesicht
Ich fühlte seinen wachen Blick
Ich denk sehr oft an ihn zurück

Draußen

Draußen irgendwo im Lande
Wo die Einsamkeit behänd
Wo die Nächte kühl im Sande
Dort an jenem Weltenrande
Sind manch´ Träume nah und fremd

Spür die Jahre, die vergangen
Die noch immer tief in mir
Hör die Songs, die wir einst sangen
Ach, noch immer pulst Verlangen
Ach, noch immer nagt die Gier

Übern Horizont die Blicke
Durch die Ebene, die weit
Mager meine großen Schritte
Und im Hirn schmilzt eine Bitte:
Nie mehr tragen altes Leid

Doch der Wind verweht die Nächte
Er verweht manch´ Hoffnung schnell
Dass er mir was Neues brächte
Dass er nimmt die Wut, die Schwäche
Dass er macht dies Leben hell

Eine Antwort gibt es nimmer
Nur ein Schweigen flieht durchs Tal
Bis zum morgendlichen Schimmer
Nach der Nacht
Nach dem Gewimmer
Schwingt mein Traum noch allemal

Draußen irgendwo im Lande
Nimmt der Wind mich mit sich mit
Meine Spur verweht im Sande
Hier an jenem Weltenrande
Leb ich meinen Traum, mein Lied

Psychosen

Geister über Wald und Wiese
Dunkle Wolken ziehen schnell
Mancher Traum
Stark wie ein Riese
Und es wird partout nicht hell

Plötzlich tönt ein Schuss vom Bache
Irgendjemand ruft und schreit
Ist dies eine letzte Rache?
Ist das Böse nicht mehr weit?

Nebel wabert vor dem Winde
Und ein Schatten fliegt ums Haus
An des Baumes spröder Rinde
Nagt als Irrlicht eine Maus

Irgendwann wird's ziemlich helle
Schatten, Riesen – *alles fort*
Ja, der Morgen zeigt sich schnelle
Alles wird zum schönsten Ort

Doch das Schöne wird bald weichen
Denn es bleibt nicht Tag, *nicht hell*
Wenn des nachts Dämonen schleichen
Kriecht die Schwärze um, *ganz schnell*

Mancher Schrei zerreißt die Stille
Panikgeister überall
Wechselspiel der Angstgefühle
Bis zum letzten *Donnerknall*

Die Wärterin

Im Spiegel sieht sie ihr Gesicht
Im Knast-Büro am Rand der Zeit
Es ist nicht hell – Gefängnislicht
Die anderen verstehn sie nicht
Die Freiheit nah
Und doch so weit

Gleich Einschluss und dann muss sie raus
Die Häftlingsfrauen wollen viel
Hier drin in diesem engen Haus
Sieht Vieles so viel anders aus
So manches dort ist ernst, nicht Spiel

All ihre Sorgen sind nicht da
All das verbirgt sie gut und schlecht
Hier drin im Knast scheint vieles klar
Für andere ist sie wohl Star
Sie ist es nicht
Sie ist nur echt

Sehr streng scheint sie – ihr Ton recht hart
Unmissverständlich, was sie will
Und draußen wird sie auch nicht zart
Ein Wechsel zwischen hart und smart
Und manchmal wird sie ziemlich still

Ist Haar – ganz kurz
Und auch schon grau
So viele Sorgen sieht sie oft
Vielleicht ist sie ´ne starke Frau
Man hört auf sie
Sie ist genau
Bis an die Seel die Sehnsucht klopft

Und wenn sie weint, dann sieht man´s nicht
Im Knast sind Tränen sehr verpönt
Gleich Einschluss, das verpasst sie nicht
Im seltsam müden Knast-Flur-Licht
So Vieles klar
Und nichts geschönt

Noch schaut sie in den Spiegel
Schweigt
Ist dieser Knast schon ihr Zuhaus´
Da ist nicht viel, was da noch bleibt
Ein klares Leben
Sie ist frei
Gleich Einschluss
Und sie muss jetzt raus

Familiendrama

Sie lebte gut am Waldesrand
Mit Kindern, Gartenteich und Job
Ein schönes Haus dort, auf dem Land
Jetzt ist sie tot
Was für ein Schock

Man fand sie hinterm Haus
Im Teich
Das Wasser war vom Blut so rot
Sie war erfolgreich
Doch nicht reich
Man schoss sie nieder
In den Tod

Vom Mann war sie schon lang getrennt
Die beiden Kinder noch sehr klein
Den Nachbarn war sie niemals fremd
Sie war sehr nett
Trank manchmal Wein

Doch eines Tages in der Nacht
War da ein Fremder
Wars ein Freund
Hat Zutritt sich zum Haus verschafft
Ein Schuss, kein Schrei
Und ausgeträumt

Man fragte alle Nachbarn aus
Doch keiner hat den Mord vollbracht
Jetzt steht es leer,
Das kleine Haus
Und dunkel wird´s dort in der Nacht

Da fand die Waffe man im See
Daran ein winzig kleines Schild
Als fiel der erste Winterschnee
Hat sich der letzte Fluch erfüllt

Die Schusswaffe war registriert
Auf einen Mann
Den Ehemann
Wohl hat er alle angeschmiert
Er kam und hasste
Schoss sodann

Man nahm ihn fest
Und er gestand
Er wollt die Kinder ganz für sich
Als er die Kleinen nirgends fand
Hat er geschossen
Fürchterlich

Sie war an einem falschen Tag
Am falschen Ort
Zur falschen Stund
Ihr Mann wollt alles, ohne Frag
Er war nicht krank
Und nicht gesund

Er weinte, als er das gestand
Die Kinder kamen schnell ins Heim
Ab jenem Tag, als man sie fand
Sollts niemals mehr wie früher sein

Nur eine Meldung im TV
Ein Drama irgendwo im Land
Sie war ´ne Mutter
Eine Frau
Ein Schicksal nur
Am Waldesrand

Spiegelbild

„Nein, nein", sagst du, *„ich bin nicht gut"*
In jener trüben Winternacht
Ich schau dich an
Du hast doch Mut
Warum denkst du, du seist nicht gut
Du hast doch gar nichts falschgemacht

Du schweigst und schaust mich traurig an
Ich fühl auch Tränen auf dem Kinn
Was für ein netter, stolzer Mann
Ich schau dich immer wieder an
Ich weiß, dein Leben hat doch Sinn

Du frierst in jener Hütt´ im Wald
Ich denk an all die Zeit zurück
Als man noch jung und gar nicht alt
So mancher Tag ward ziemlich kalt
Wie heute Nacht
Ist da auch Glück

Ich lächle und ich schau hinaus
Nein, nein, ich gebe niemals auf
In diesem winzgen Försterhaus
Sieht alles so viel anders aus
Ein Leben birgt manch´ Dauerlauf

Ich weiß genau:
Ja, ich bin gut
Verändern werd ich mich vielleicht
Ich lebe und ich habe Mut
In mir pulsiert noch immer Blut
Wenn auch die Zeit vorüber schleicht

Du schaust mich an und nickst mir zu
Mein Spiegelbild
Ich brauch dich sehr
So zwinkre ich dir nochmal zu
Und träum nochmal, denn hier ist Ruh
Und breche auf
Mal leicht, mal schwer

Asche und Rauch

Das Land verirrt in Lügen sich
Versprochen wird viel
So viel
Die Wolken jagen fürchterlich
Dieses Land blutet widerlich
Alles bald ein wüstes Feuerspiel

Dies Land verfängt in Netzen sich
Die Wege sind starr
So starr
Alles wird gut wohl angeblich
Sagen die da oben
Widerlich
Der Rauch finstert
Was einmal klar

Das Land stöhnt so mörderisch
Alles ätzt dahin
Dahin
Nirgends bleibt auch nur ein Licht
Doch ich find es sicherlich
Vielleicht auch einen neuen
Lebenssinn

Dies Land bricht im Feuer sich
Asche bleibt übrig noch
Immer noch
Ein Spalt Hoffnung, hoffentlich
In dunkler Nacht, wie wunderlich
Asche und Rauch verfliegen bald
Doch

Fahrstuhlstopp

Im Fahrstuhl zwischen Hoch und Runter
So zwischen zwei Terminen – *kurz*
Da wart' ich, gar nicht froh und munter
Im Lift, so zwischen Rauf und Runter
Und mancher Witz scheint weit und *schnurz*

Auf einmal stockt der Lift, bleibt stehen
Im Nirgendwo
Ich weiß nicht wo
Wann wird das Ding wohl weitergehen
Ganz plötzlich fängt sich's an zu drehen
Mir wird's recht schwindelig und so

Ne alte Frau steht da und wartet
Sie schaut mich an mit starrem Blick
Ich hoff, dass dieser Lift bald startet
Und jene Frau, die seufzt und wartet
Wann endet dieses Missgeschick

Die Alte scheint das wohl zu spüren
Sie sagt: *„Ach Jungchen, du hast Zeit"*
Ich weiß, ich sollt' mich wohl nicht zieren
Was kann ich hier wohl schon verlieren
So manche Stunden ziehn sich weit

Wir reden über Das und Dieses
Ich lehn mich an die Fahrstuhltür
Wir sprechen über Gutes, Mieses
Im Leben gibt's so manches Fieses
Im Fahrstuhl zwischen Dort und Hier

Ich schau zur Uhr, muss plötzlich grinsen
Hier drin scheint nichts mehr wichtig, ach
So vieles ging mir in die Binsen
Oft schmeckten nicht mal Mittagslinsen
Und manchmal schien ich kaum noch wach

Die alte Frau nahm meine Hände
„Nehms nicht so schwer, das hilft dir nicht"
In jenem Lift, wo kühl die Wände
Hielt sie voll Güte meine Hände
Es flackerte das Fahrstuhllicht

Ja, da begriff ich, was sie meinte
Ich sollte viel mehr leben noch
Was mich mit dieser Frau vereinte
War der Gedanke
Und ich weinte
Wann ging´s im Fahrstuhl runter, hoch

Ein starker Ruck, dann ging es weiter
Recht schnell sprang auf die Fahrstuhltür
Ich sah den Tag, er war so heiter
Und irgendwie schien ich gescheiter
Seit jenem Fahrstuhlstopp all hier

Ich tauchte ein in Stadt und Leben
Oft fiel mir ein der Alten Wort
Von Herz und Seel konnt ich was sehen
Erinnerung an manches Schweben
Im Fahrstuhl zwischen
Hier und Dort

Das bisschen Leben

"Was ist geschehen", fragte sie
Man wusste nicht mal *wann und wie*
Das Kind lag tot im Garten dort
Der Tag war trüb
Ein schlimmer Ort

Die Mutter schwieg
Sie sagte nichts
Das bisschen Leben
Fern des Lichts
Es war doch eine schöne Zeit
Ihr Kind und sie
Ein Glück zu zweit

So viel erlebten sie
So viel
Ihr Kind Zuhause und beim Spiel
Sie schaut´ die Fotos lange an
Und weinte auch – so dann und wann

Erinnerungen sind so tief
Das bisschen Leben
Nichts ging schief
Doch traf ihr Kind des Teufels Sohn
Und alle Hoffnung ward zum Hohn

Was ist das Leben?
Was der Sinn?
Warum das Leben?
Wo geht's hin?
Hat Leben irgendeinen Zweck?
Ist es am End´ vielleicht nur Dreck?

Sie schwieg!
Sie wusst die Antwort nicht!
Wohin sie ging?
Man weiß es nicht!
Ihr Kind, die Urne nahm sie mit
Vom Leben blieb ihr nicht ein Stück

So oft sucht man nach einem Ziel
Ist Leben ernst?
Ist´s doch nur Spiel?
Das bisschen Leben scheint nicht lang
Wohl weint man oft
So dann
Und wann